Marlies Busch

Buntes Window Color

In diesem Bastelbär-Heft findest du:

Ravensburger Buchverlag

2 Erste Arbeitsschritte

1 Window-Color-Farben erhältst du in Bastelläden und Schreibwarengeschäften. Vergrößere das ausgesuchte Motiv mit dem Kopierer auf die angegebene Größe.

2 Lege die Vorlage in eine Klarsichthülle. Die Farbe Window Color trägst du direkt auf die Folie auf. Nach dem Trocknen (ca. 6 – 8 Stunden) ziehst du das Bild vorsichtig ab. Jetzt kannst du es ohne Klebstoff auf fast jeder glatten Fläche befestigen: Fenster, Spiegel, Kachel, Tür, Porzellan, Glas… und auch wieder abnehmen.

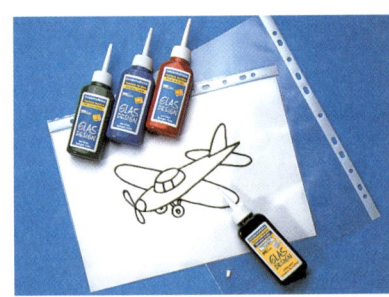

3 Und so füllst du die Flächen am besten aus: Die Flasche schütteln, mit der Spitze aufsetzen, leicht drücken und die Farbe gleichmäßig aufmalen.

4 Beim Ausfüllen der Farbflächen lässt du die aufgetragene Farbe trocknen, bevor du mit der nächsten beginnst. So bleiben die Flächen klar abgegrenzt. Du kannst aber auch versuchen, die Farben mit einem Stäbchen ineinander zu ziehen. Dadurch entstehen tolle Muster!

5 Gesichter malst du nach dem Trocknen der Window Color mit einem schwarzen Lackstift auf. Auch diese Farbe muss einige Minuten trocknen.

6 Mit dem Konturenmittel kannst du auch die Motivumrisse vorzeichnen. Das braucht etwas Übung, darum suche dir zunächst ein einfaches Motiv aus, z.B. das Muster des Windlichts. Lass die Konturen trocknen und male als Nächstes die einzelnen Flächen aus.

7 Versuche doch mal dieses Herzmotiv zu malen. Zuerst die Umrisse, dann füllst du die innere Fläche im Zickzack-Muster aus. Durch diese Linien sehen die Herzen ganz besonders interessant aus.

Tipp vom Bastelbär

■ *Ist es sehr kalt, kann Window Color beim Abziehen brechen: Wärme die Farbe mit einem Föhn kurz an.*

■ *Wenn mal was daneben geht: Solange die Farbe feucht ist, kannst du sie mit einem Wattestäbchen fortwischen.*

■ *Gefällt dir etwas bei bereits getrockneter Farbe nicht, schneide das Stück ab (oder aus) und erneuere die Farbe.*

■ *Störende Luftblasen kannst du mit einer Nadel aufstechen.*

■ *Versuche darauf zu achten, dass bei deinem Bild keine Lücken zwischen Kontur und Farbe entstehen. Es könnte beim Abziehen zerreißen.*

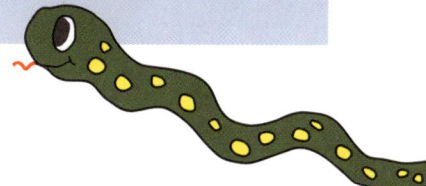

4 Dschungel

Ein Dschungel an deinem Fenster: Da ist was los!

1 Die Grundanleitung findest du auf den Seiten 2 und 3. Für die Malvorlage vergrößerst du die Dschungelmotive um 120 %, nur den Baum um 140 %.

2 Male den Baum ohne Umrisse. Den Affen kannst du an den Ast des Baumes hängen.

Obst & Kuh

Das sind tolle Motive für eure Küche – nicht nur fürs Fenster, sondern auch für Kacheln oder Einmachgläser.

1 Die Grundanleitung findest du auf den Seiten 2 und 3. Für die Malvorlage kopierst du die Motive. Apfel, Trauben und Kuh vergrößerst du um 120 %.

2 Das Obst malst du ohne Umrisse. Allerdings sieht das Kuhmotiv mit einer Umrandung schöner aus.

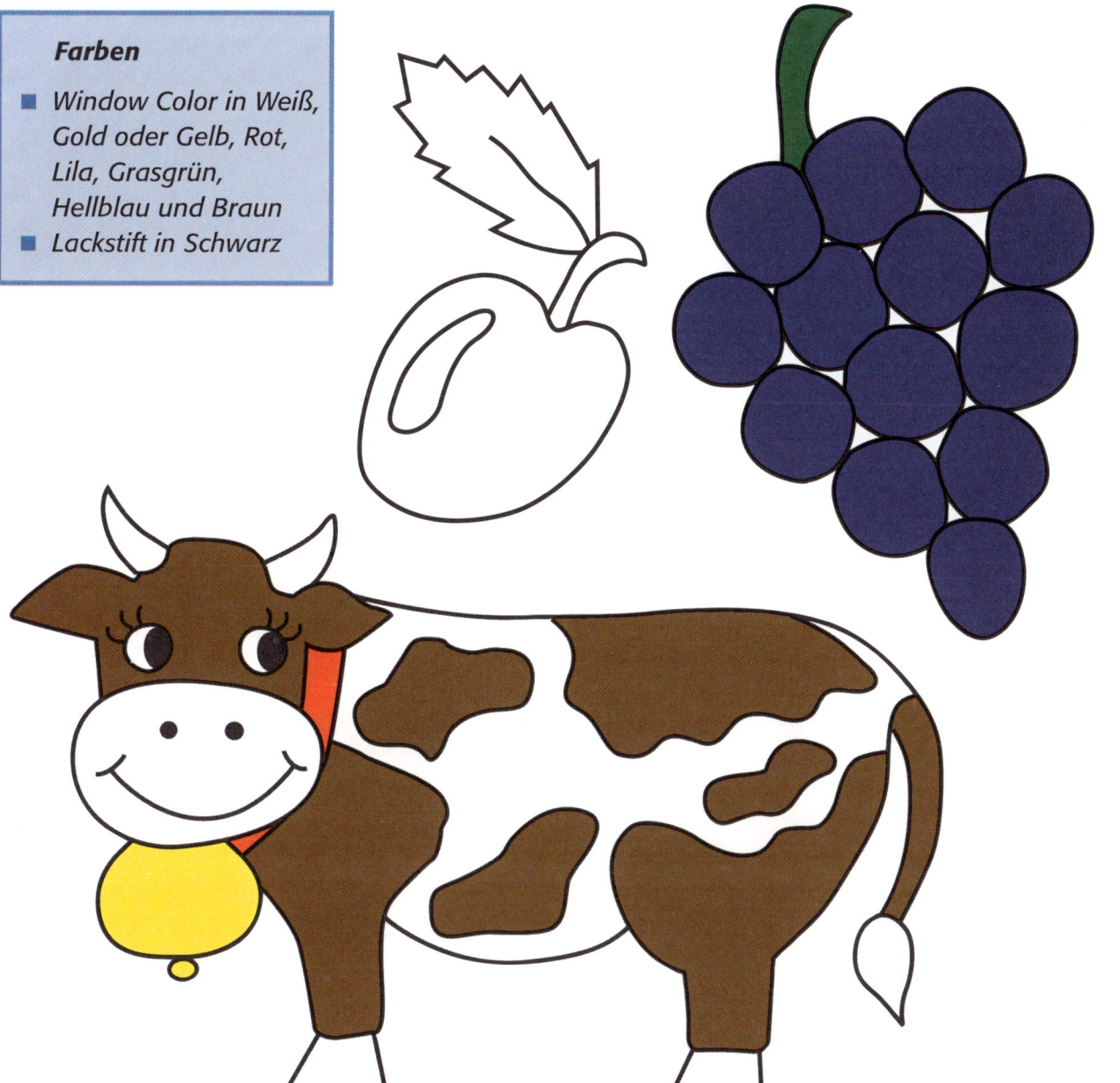

Farben

- *Window Color in Weiß,
  Gold oder Gelb, Rot,
  Lila, Grasgrün,
  Hellblau und Braun*
- *Lackstift in Schwarz*

Flugzeug & Fesselballon

Für verwegene Piloten und verträumte Ballonfahrer.

1 Die Grundanleitung findest du auf den Seiten 2 und 3. Für die Malvorlage kopierst du die Motive Flugzeug, Ballon und Wolken.

2 Du kannst dir einen ganzen Wolkenhimmel am Fenster gestalten! Dem Fesselballon und Flugzeug malst du schwarze Konturen mit Lackstift.

Farben

- *Window Color in Gelb, Orange, Rot, Grün und Hellblau*
- *Lackstift in Schwarz*

3 Der zweite Seehund wird gegengleich gemalt: Halte die Vorlage mit der Vorderseite an ein Fenster und male so die Konturen nach.

Der Blickfang für dein Fenster: jonglierende Seehunde.

1 Die Grundanleitung findest du auf den Seiten 2 und 3. Für die Malvorlage vergrößerst du die Motive Seehund mit Ball und Manege um 120 %.

2 Male die Bälle in verschiedenen Farben. Der Seehund bekommt die Umrisse mit schwarzem Lackstift aufgemalt. Die Manege malst du so groß, wie du möchtest.

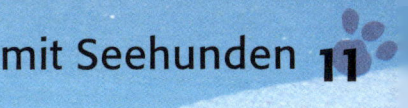

Seepferdchen & Schmetterlinge

Farben und Material

- *Window Color in Gelb, Gold, Orange, Rot, Lila, Grasgrün und Blau*
- *Lackstift in Schwarz*
- *Zahnstocher*

Seepferdchen tanzen auf einem Spiegel und Schmetterlinge fliegen übers Fenster – oder über dein Milchglas, wenn du willst.

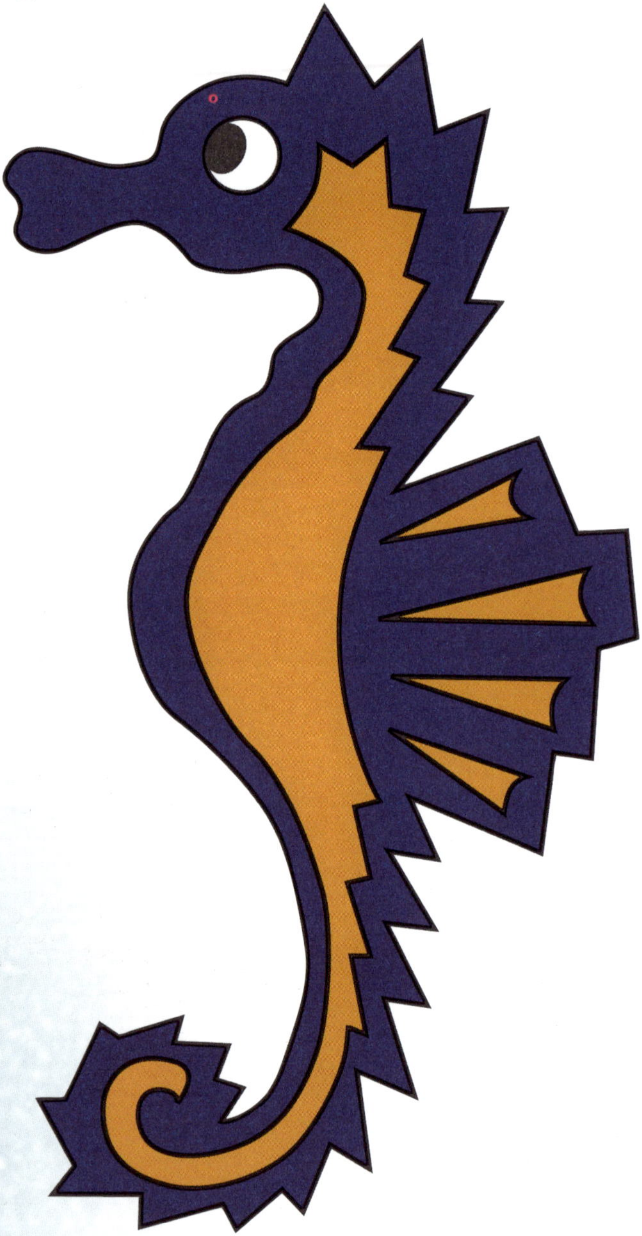

1 Die Grundanleitung findest du auf den Seiten 2 und 3. Für die Malvorlage vergrößerst du die Motive Seepferdchen und den Schmetterling um 120 %.

2 Wenn du zwei Seepferdchen möchtest, die sich anschauen, musst du die Vorlage spiegeln: Halte die Vorlage mit der Vorderseite an ein Fenster und male so die Konturen nach.

3 Trage die Farben für die Schmetterlinge in Punkten oder Linien auf. Dann ziehst du sie mit dem Zahnstocher ineinander. So entstehen fantasievolle Farbspiele!

Tipp vom Bastelbär

Sehr schön sieht es aus, wenn du die Schmetterlinge in unterschiedlichen Größen herstellst. Kopiere dazu die Vorlage einfach in verschiedenen Größen.

14 Seerosen-Teich mit Frosch

Farben

- Window Color in Gelb, Lila, Grün, Olivgrün, Dunkelgrün und Hellblau
- Lackstift in Schwarz

Lass doch mal diese lustigen Gesellen über dein Fenster hopsen.

1 Die Grundanleitung findest du auf den Seiten 2 und 3.

2 Die Blätter und Seerosen malst du ohne Konturen. Aber der Frosch sieht sicher mit Umrissen schöner aus.

Im Aquarium

Farben und Material

- *Window Color in Gelb, Orange, Rot, Grasgrün und Blau*
- *Lackstift in Schwarz*
- *evtl. Zahnstocher*

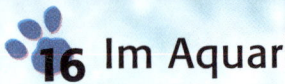

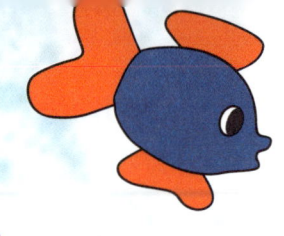

1 Hier kannst du dein eigenes Fantasie-Aquarium malen! Die Grundanleitung findest du auf den Seiten 2 und 3.

2 Nun kannst du die Fische mit Punkten, Streifen oder einfarbig bemalen. Oder du probierst mal den Trick, die Farben mit dem Zahnstocher ineinander zu ziehen. Das ist auch für die Koralle toll.

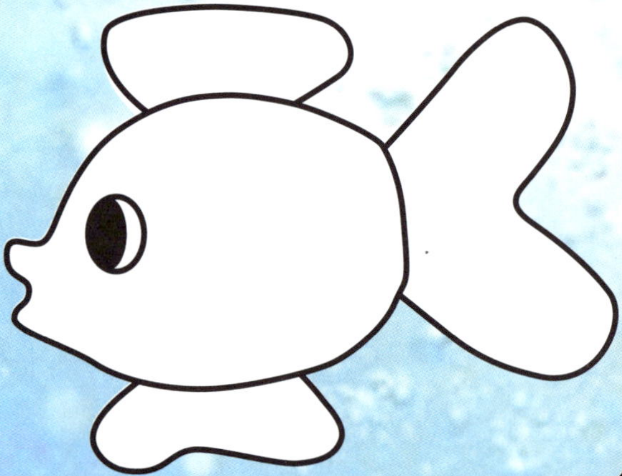

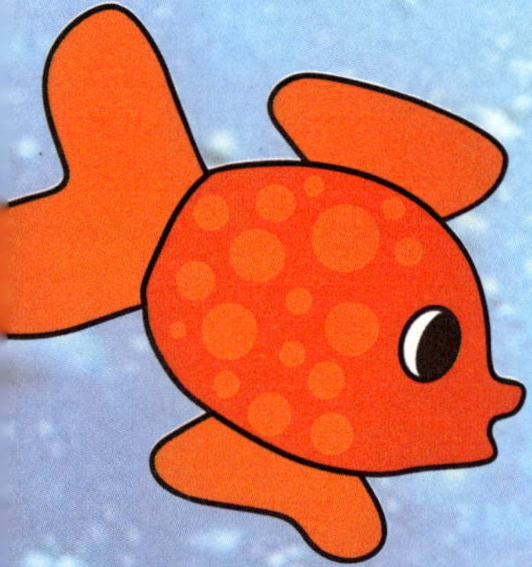

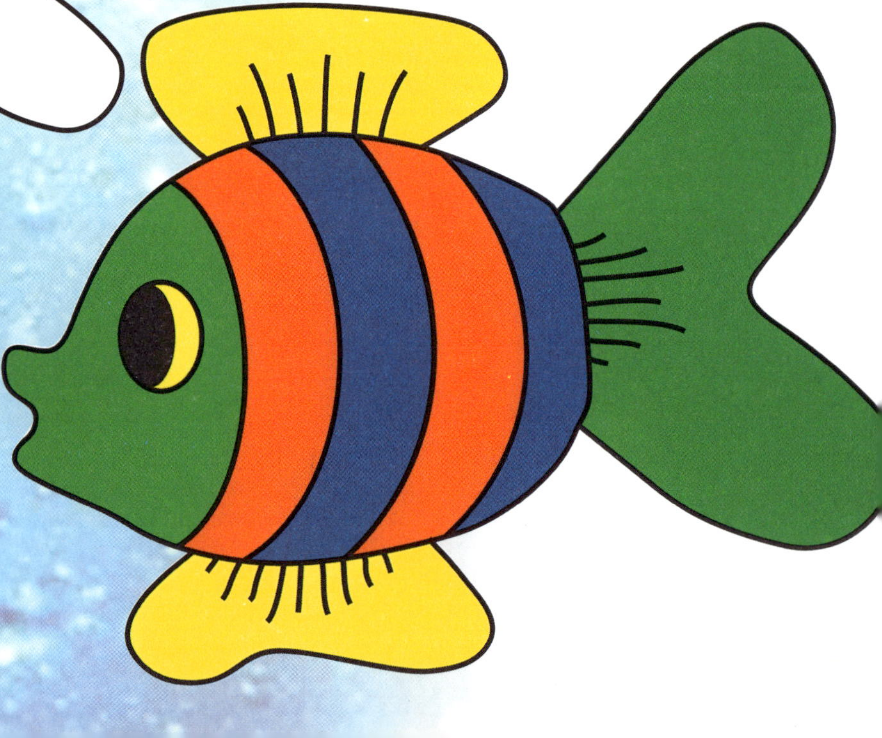

3 Die kleinen Fische
haben keine schwarzen
Konturen. Wenn du möch-
test, brauchst du den
Großen ebenfalls keine
Umrisse zu zeichnen. Nur
die Augen solltest du
schwarz aufmalen.

18 Blumengarten mit Biene

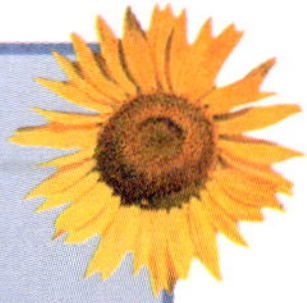

Farben

- *Blumen: Window Color in Grüntönen und fröhlichen Blumenfarben*
  Biene: Gelb, Grasgrün, Hellblau und Schwarz
- *Lackstift in Schwarz*

Diese kleine Biene gießt die Blumen, die du für sie gemalt hast!

1 Die Grundanleitung findest du auf den Seiten 2 und 3.

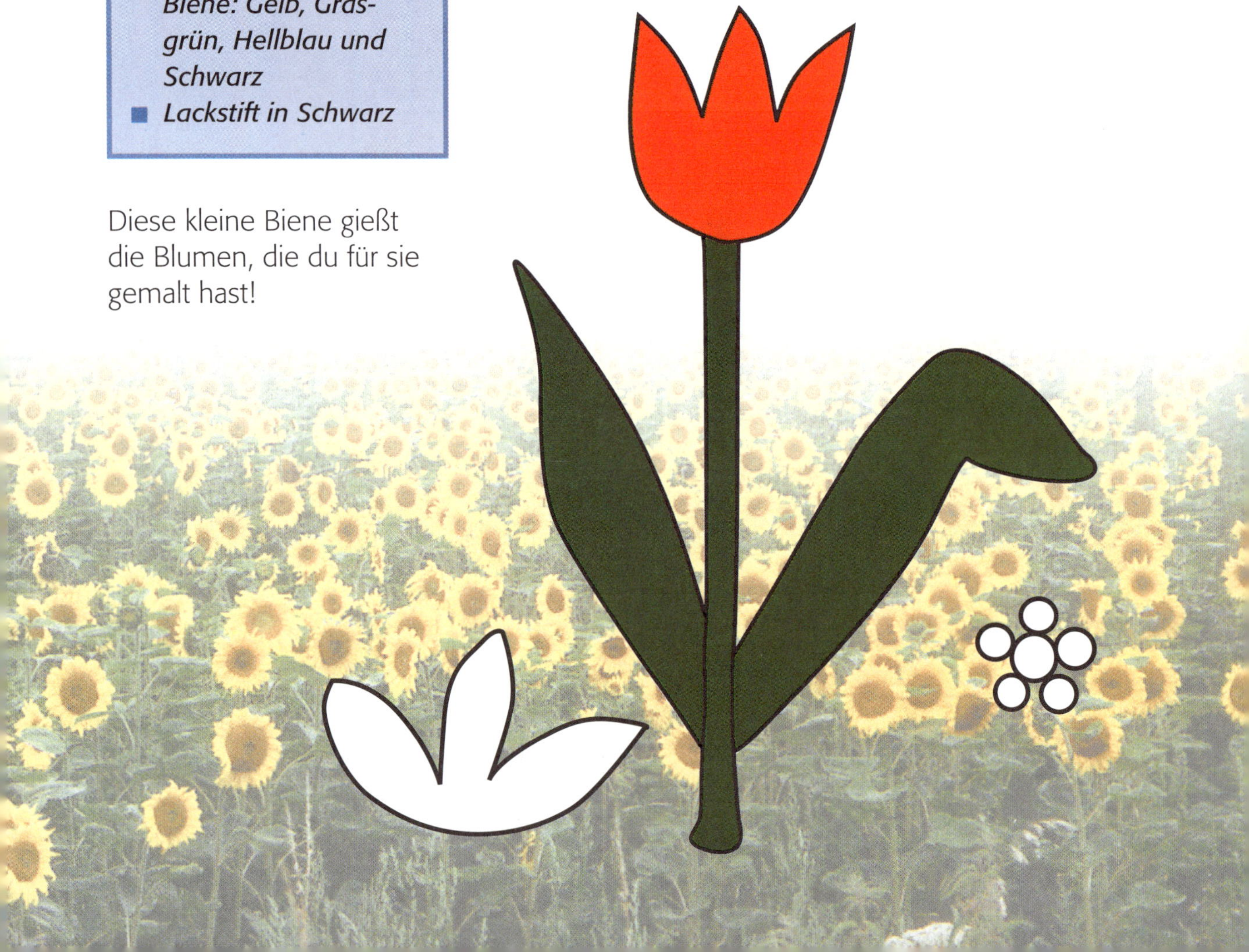

2 Der kleinen Biene kannst du mit Lackstift das Gesicht aufmalen. Die Blumen brauchen keine Umrisse.

🐾 *Tipp vom Bastelbär*

Die Blümchen kannst du in ganz vielen Farben malen und über die Blumenwiese auf deinem Fenster verstreuen.

Farben und Material

- **Window Color in Orange und Braun**
- **Lackstift in Schwarz**
- **Zahnstocher**

Für kleine und große Katzenliebhaber!

1 Für die Malvorlage kopierst du das Katzenmotiv.

2 Das Katzengesicht malst du in Orange, den Körper in orangefarbenen und braunen Streifen. Achte dabei auf die Form der Katze, also auf Schwanz und Pfoten.

3 Nun nimmst du einen Zahnstocher und ziehst die Streifen ineinander. Die Katze freut sich dann noch über ein Gesicht mit schwarzem Lackstift und schwarze Umrisse.